V&R

D. Martin Luther

Der Kleine Katechismus

Vandenhoeck & Ruprecht

Bibliografische Information der Deutschen Nationalbibliothek

Die Deutsche Nationalbibliothek verzeichnet diese Publikation in der Deutschen Nationalbibliografie; detaillierte bibliografische Daten sind im Internet über http://dnb.d-nb.de abrufbar.

ISBN 978-3-525-57050-0

Gesamtherstellung: Hubert & Co GmbH & Co. KG,
Robert-Bosch-Breite 6, 37079 Göttingen, www.hubertundco.de

Gedruckt auf alterungsbeständigem Papier.

Geleitwort

Der 1529 von Martin Luther veröffentlichte Kleine Katechismus ist sicher eine der bekanntesten und populärsten Veröffentlichungen des Wittenberger Reformators. Er selbst hat in seinen Tischreden den Katechismus einmal eine „rechte Laienbibel“ genannt. Das kleine Büchlein hat schon zu seinen Lebzeiten viele Auflagen und Übersetzungen erfahren und es wurde von Beginn an – so auch die direkte Zielsetzung Martin Luthers – im Unterricht eingesetzt. In verständlicher Sprache gelingt es dem Kleinen Katechismus, die Grundlagen des Glaubens mit einer christlichen Lebensführung zusammenzustellen.

Dass ein solcher Text gerade in den Jahren nach 1945 auf ein besonderes Interesse stoßen würde und nicht nur für den Konfirmandenunterricht wichtig sein könnte, war dem jungen Wuppertaler Kurt Wolff (1916–2003) schnell klar. Kurt Wolff, dessen Interesse immer der Gestaltung galt, hatte vor dem Krieg bei der Verlagsbuchhandlung Emil Müller eine Lehre als Buchhändler gemacht und war dabei – vom familiären Kontext geprägt – aktives Mitglied seiner Kirchengemeinde gewesen. Lebenslang prägend war es für ihn, als Lehrling während der Barmer Bekenntnissynode 1934 den Büchertisch in der Gemarker Kirche betreut zu haben.

Womit sollte man nach dem Ende des Zweiten Weltkriegs und nach acht Jahren im Arbeitsdienst und als Soldat, gerade 30 Jahre alt, eine wachsende Familie ernähren? Der Buchhandel lag darnieder. Hier kam Kurt Wolff sein durch das Werk Rudolf Kochs beeinflusstes hohes Interesse an Schrift und Schreiben, Gestaltung und kirchlichen Symbolen zugute. In Kontakten mit dem Kasseler Oncken-Verlag war schon während des Krieges ein Kreis von Interessierten entstanden, die sich bei Sing- und Schreibwochen im Schreiben und in Schriftverständnis geübt hatten.

Für Kurt Wolff bedeutete Schriftverständnis dabei auch das Verstehen und die Darstellung der biblischen Schriften durch Schreiben und Wertschätzung von Buchstaben und lesbarer Handschrift. Dazu kamen die Versuche, biblisch-theologische Zusammenhänge symbolisch darzustellen.

All dies mündete für ihn in der Idee, die ganze Bibel abzuschreiben. Von diesem Vorhaben wurde die fast vollständige Abschrift des Neuen Testaments, versehen mit Symbolen, unter schwierigsten Umständen während des Krieges in Frankreich und Russland realisiert. Jedes Blatt einzeln schickte er seiner Verlobten nach Wuppertal. Die Einzelblätter wurden nach dem Krieg zu einem Buch gebunden und gehören zu den kostbaren Schätzen des Nachlasses, der sich heute in der Fliedner-Kulturstiftung Kaiserswerth befindet.

Diese Abschrift gehörte mit zu den Lehrstücken, die es dann dem jungen, im grafischen Gewerbe ungelernten, aber sich stets weiterbildenden Kurt Wolff ermöglichten, sich mit dem Schreiben von biblischen Sprüchen, Kartenserien, der Ausgestaltung kirchlicher Räume etc. einen Namen zu machen. Nicht zuletzt war seine gute Vernetzung im Bereich der Wuppertaler Bekennenden Kirche hilfreich.

So wurde auch der Verlag Vandenhoeck & Ruprecht auf ihn aufmerksam, wobei die Bekanntschaft mit dessen Verleger Günther Ruprecht sicher eine Rolle spielte. Es gab nach der Nazi-Diktatur einen „Hunger“ nach einfachen Darstellungen der biblischen Botschaft und ihrer Auslegung, wozu eben auch Luthers Kleiner Katechismus gehörte. Kurt Wolff ergänzte den Text durch eine Reihe von Katechismusliedern Luthers, die sich alle bis heute im Evangelischen Gesangbuch finden.

Der Katechismus ist für die künstlerische Entwicklung von Kurt Wolff besonders wichtig. Er beschränkte sich nicht allein darauf, den Text Luthers abzuschreiben, er gestaltete ihn – jeder Buchstabe, jede Note, jedes Sinnbild sind eigenhändig kalligrafisch umgesetzt. Die Sinnbilder und Symbole illustrieren den Text nicht nur, sie dienen der Entschlüsselung des Glaubens.

Die von Kurt Wolff hier verwendete Frakturschrift war für die damalige Zeit (noch) eine Selbstverständlichkeit, zugleich kann man sie aber auch als Protest verstehen gegen ihr von den Nationalsozialisten erlassenes Verbot vom 3. Januar 1941 – mit der Begründung, es handele sich um »Schwabacher Judenlettern«.

1955 hielt Kurt Wolff einen Vortrag bei der Deutschen Bibelgesellschaft, als es um die Entscheidung ging, die Bibel künftig weiterhin in Fraktur zu drucken oder künftig in Antiqua. Nach sorgsamer Abwägung des Für und Wider und einer Darstellung der historischen Entwicklung der Schriften plädierte er damals – letztendlich aus ökumenischen(!) Gründen – für Antiqua.

Schon zwei Jahre nach dem ersten Erscheinen des Katechismus übernahm Kurt Wolff 1949 die Leitung der Kaiserswerther Paramentik in Düsseldorf. Sein Schwerpunkt verlegte sich damit auf Texte und Textiles. Er verwendete viele der bereits im Katechismus dargestellten Symbole und entwickelte sie weiter in Richtung auf eine immer klarer werdende Formensprache. Hierüber nahm er starken Einfluss auf Kirchenraumgestaltung und prägte so das gottesdienstliche Leben. Fast 50 Jahre lang hatte er dort die künstlerische Leitung und schuf durch die Lebhaftigkeit und Modernität seiner Entwürfe einen unverwechselbaren, keiner Mode unterworfenen Stil.

Für viele hundert insbesondere theologische Bücher vor allem des Neukirchener Verlages gestaltete Kurt Wolff die Umschläge ebenso wie zahlreiche Kalender, z. T. in jahrzehntelangen Jahrgängen. So war es kein Zufall, dass er bereits ab 1957 an der damaligen Werkkunstschule Düsseldorf Typografie lehrte, der er als Dekan und Professor für Typografie auch noch angehörte, als sie zur Fachhochschule für Grafik und Design geworden war.

Darüber hinaus wurde Kurt Wolff später zu einem gefragten Prediger und Sprecher von Rundfunkandachten, der vieles von seiner Erfahrung mit der Schrift und dem Schreiben an Theologen in der Ausbildung weitergab. Der meditative Vorgang des Schreibens von biblischen und theologischen Texten mit der Tuschefeder förderte die Gedanken und machte den „Abschreiber“ zum Autor vieler die Bibel und – darauf aufbauend – das Leben auslegender Bücher.

Der Kleine Katechismus in der vorliegenden Form war 1947 eines der ersten Druckerzeugnisse des Verlags Vandenhoeck & Ruprecht nach dem Krieg, damals 430 Jahre nach Luthers Thesenanschlag. Dass er nunmehr als Reprint in bibliophiler Ausgabe erneut herausgegeben wird, hängt nicht nur mit dem 70-jährigen Jubiläum seines Ersterscheinens und dem 100. Geburtstag von Kurt Wolff zusammen, sondern auch mit dem frisch beschlossenen nunmehrigen Zusammengehen der Neukirchener Theologie mit Vandenhoeck & Ruprecht – und natürlich besonders mit dem 500-jährigen Gedenken an die Reformation.

Der Kleine Katechismus ist eben nicht nur ein Wegwerfheftchen für Konfirmandinnen und Konfirmanden, sondern eine theologische Kostbarkeit des Glaubens, die in sorgfältiger Ausstattung gelesen und wertgeschätzt werden sollte, für die sich dann auch ein repräsentativer Ort im Bücherschrank findet.

Martin Wolff / Norbert Friedrich, im Oktober 2016

Der kleine Katechismus
D. Martin Luthers

mit seinen Katechismusliedern
geschrieben und mit Zeichen und
Sinnbildern versehen
von Kurt Wolff

Göttingen · Vandenhoeck und Ruprecht

Ich, wiewohl ich ein alter Doktor der Heiligen Schrift bin, so bin ich nicht aus der Kinderlehre gekommen und verstehe die zehn Gebote und den Glauben und das Vaterunser noch nicht recht, ich kann's auch nicht ausstudieren noch auslernen, aber ich lerne noch täglich daran und bete den Katechismus mit meinem Sohn Hans und mit meinem Töchterlein Magdalene. Der Katechismus ist die rechte Laienbibel, darin der ganze Inhalt der Christenlehre begriffen ist, wie einem jeden Christen zu seiner Seligkeit zu wissen vonnöten. Luther

Die zehn Gebote

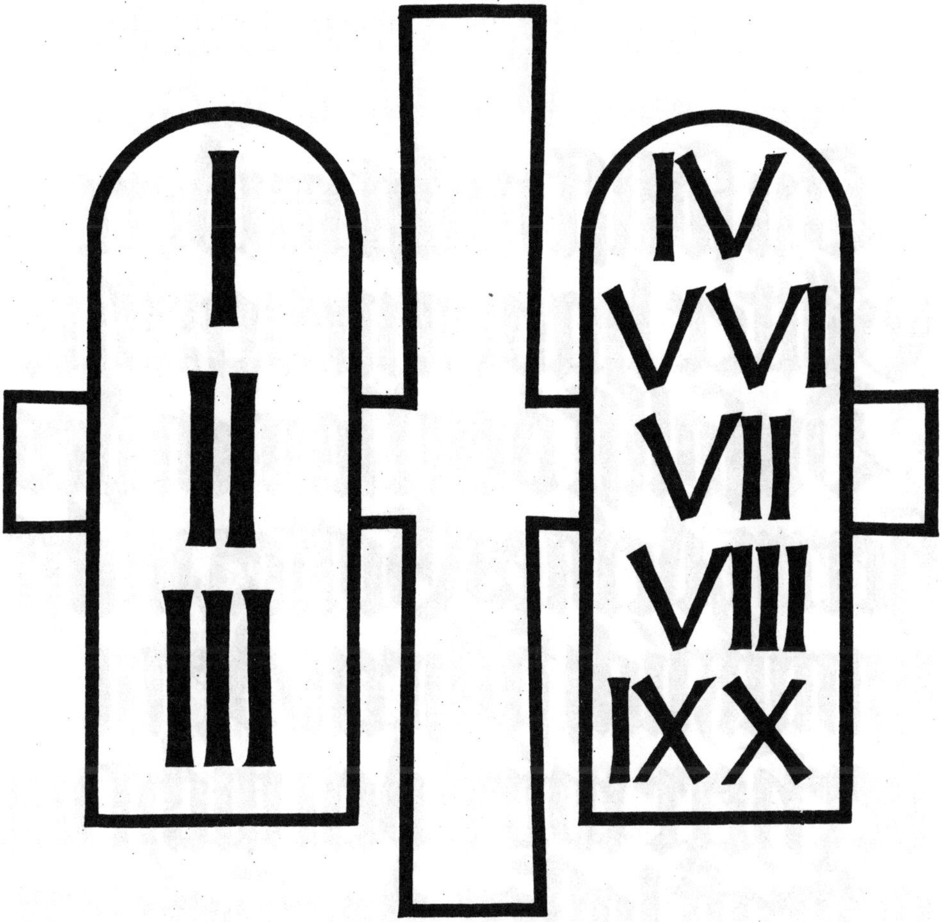

wie sie ein Hausvater seinem
Gesinde einfältig fürhalten soll

+ Ich bin der Herr, dein Gott

1. Du sollst nicht andere Götter haben neben Mir
2. Du sollst den Namen des Herrn, deines Gottes, nicht unnützlich führen, denn der Herr wird den nicht ungestraft lassen, der Seinen Namen mißbraucht.
3. Du sollst den Feiertag heiligen

4. Du sollst deinen Vater +
und deine Mutter ehren.
5. Du sollst nicht töten 6. Du
sollst nicht ehebrechen 7. Du
sollst nicht stehlen 8. Du sollst
nicht falsch Zeugnis reden
wider deinen Nächsten 9. Du
sollst nicht begehren deines
Nächsten Haus 10. Du sollst
nicht begehren deines Näch-
sten Weib, Knecht, Magd,
Vieh oder alles, was sein ist.

Das erste Gebot

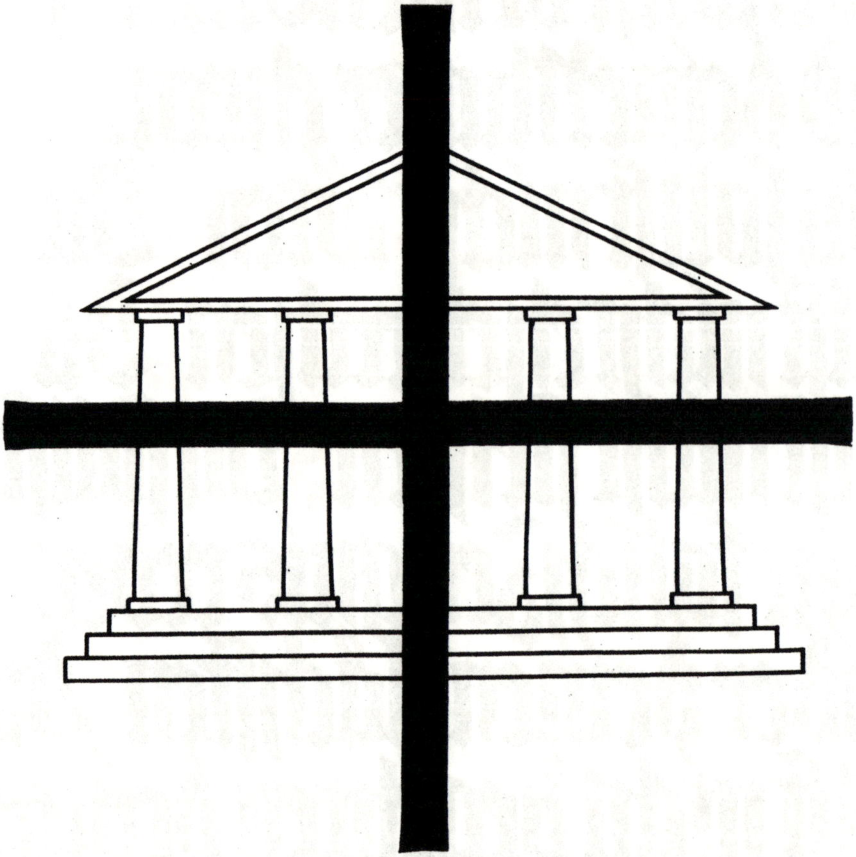

Ich bin der Herr, dein Gott.
Du sollst nicht andere Götter haben
neben Mir.

Was ist das?

Wir sollen Gott über alle Dinge
fürchten, lieben und vertrauen.

Das zweite Gebot

Du sollst den Namen des Herrn / deines Gottes / nicht unnützlich führen / denn der Herr wird den nicht ungestraft lassen / der Seinen Namen mißbraucht.

Was ist das?

Wir sollen Gott fürchten und lieben / daß wir bei Seinem Namen nicht fluchen / schwören / zaubern / lügen oder trügen / sondern denselben in allen Nöten anrufen / beten / loben und danken.

Das dritte Gebot

Du sollst den Feiertag heiligen.

Was ist das?

Wir sollen Gott fürchten und lieben,
daß wir die Predigt und Sein Wort
nicht verachten,
sondern dasselbe heilig halten,
gerne hören und lernen.

Das vierte Gebot

Du sollst deinen Vater und deine Mutter ehren, auf daß dir's wohl gehe und du lange lebest auf Erden.

Was ist das?

Wir sollen Gott fürchten und lieben,
daß wir unsere Eltern und Herren
nicht verachten noch erzürnen,
sondern sie in Ehren halten,
ihnen dienen, gehorchen,
sie lieb und wert haben.

Das fünfte Gebot

Du sollst nicht töten.

Was ist das?

Wir sollen Gott fürchten und lieben,
daß wir unserm Nächsten
an seinem Leibe
keinen Schaden
noch Leid tun,
sondern ihm helfen
und fördern
in allen Leibesnöten.

Das sechste Gebot

Du sollst nicht ehebrechen.

Was ist das?

Wir sollen Gott fürchten und lieben,
daß wir keusch und züchtig leben
in Worten und Werken
und ein jeglicher sein Gemahl
lieben und ehren.

Das siebente Gebot

Du sollst nicht stehlen.

Was ist das?

Wir sollen Gott fürchten und lieben,
daß wir unsers Nächsten
Geld oder Gut nicht nehmen
noch mit falscher Ware oder
Handel an uns bringen,
sondern ihm sein Gut und Nahrung
helfen bessern und behüten.

Das achte Gebot

Du sollst nicht falsch Zeugnis reden wider deinen Nächsten.

Was ist das?

Wir sollen Gott fürchten und lieben,
daß wir unsern Nächsten nicht fälschlich belügen,
verraten, afterreden oder bösen Leumund machen,
sondern sollen ihn entschuldigen,
Gutes von ihm reden
und alles zum besten kehren.

Das neunte Gebot

Du sollst nicht begehren deines Nächsten Haus.

Was ist das?

Wir sollen Gott fürchten und lieben, daß wir unserm Nächsten nicht mit List nach seinem Erbe oder Hause stehen und mit einem Schein des Rechts an uns bringen, sondern ihm dasselbe zu behalten förderlich und dienstlich sein.

Das zehnte Gebot

Du sollst nicht begehren deines Nächsten Weib, Knecht, Magd, Vieh oder alles, was sein ist.

Was ist das?

Wir sollen Gott fürchten und lieben, daß wir unserm Nächsten nicht sein Weib, Gesinde oder Vieh abspannen, abdringen oder abwendig machen, sondern dieselben anhalten, daß sie bleiben und tun, was sie schuldig sind.

Was sagt nun Gott von diesen Geboten allen?

Er sagt also:

Ich + der Herr + dein Gott + bin ein eifriger Gott,

der über die, so Mich hassen,
die Sünde der Väter
heimsucht an den Kindern
bis ins dritte und vierte Glied;
aber denen, so Mich lieben
und Meine Gebote halten,
tue ich wohl
bis ins tausendste Glied.

Was ist das?

Gott dräuet zu strafen alle,
die diese Gebote übertreten.
Darum sollen wir uns fürchten vor Seinem Zorn
und nicht wider solche Gebote tun.
Er verheißt aber Gnade
und alles Gute
allen, die solche Gebote halten.
Darum sollen wir Ihn auch lieben
und vertrauen
und gerne tun nach Seinen Geboten.

Dies sind die heilgen zehn Gebot, die uns gab

unser Herre Gott durch Mose, seinen Diener

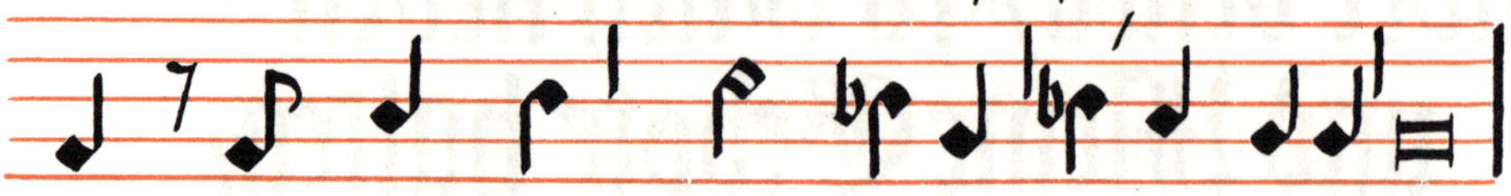

treu, hoch auf dem Berg Sinai. Kyrieleis.

2 Ich bin allein dein Gott, der Herr,
kein Götter sollst du haben mehr,
du sollst Mir ganz vertrauen dich,
von Herzensgrund lieben Mich. Kyrieleis.

3 Du sollst nicht führen zu Unehrn
den Namen Gottes, deines Herrn,
du sollst nicht preisen recht noch gut,
ohn was Gott selbst red't und tut. Kyrieleis.

4 Du sollst heilgen den siebent Tag,
daß du und dein Haus ruhen mag,
du sollst von dein'm Tun lassen ab,
daß Gott Sein Werk in dir hab. Kyrieleis.

5 Du sollst ehrn und gehorsam sein
dem Vater und der Mutter dein,
und wo dein Hand ihn'n dienen kann,
so wirst du langes Leben han.
Kyrieleis.

6 Du sollst nicht töten zorniglich,
nicht hassen noch selbst rächen dich,
Geduld haben und sanften Mut
und auch dem Feind tun das Gut.
Kyrieleis.

7 Dein Eh sollst du bewahren rein,
daß auch dein Herz kein andre mein,
und halten keusch das Leben dein,
mit Zucht und Mäßigkeit fein.
Kyrieleis.

8 Du sollst nicht stehlen Geld noch Gut,
nicht wuchern jemands Schweiß u. Blut,
du sollst auftun dein milde Hand
den Armen in deinem Land.
Kyrieleis.

9 Du sollst kein falscher Zeuge sein,
nicht lügen auf den Nächsten dein,
sein Unschuld sollst auch retten du
und seine Schand decken zu.
Kyrieleis.

10 Du sollst deins Nächsten Weib u. Haus
begehren nicht, noch etwas draus,
du sollst ihm wünschen alles Gut,
wie dir dein Herz selber tut.
Kyrieleis.

11 Die Gebot all uns geben sind,
daß du dein Sünd, o Menschenkind,
erkennen sollst und lernen wohl,
wie man vor Gott leben soll.
Kyrieleis.

12 Das helf uns der Herr Jesus Christ,
der unser Mittler worden ist;
es ist mit unserm Tun verlorn,
verdienen doch eitel Zorn.
Kyrieleis.

Der Glaube

wie ein Hausvater
denſelbigen ſeinem Geſinde aufs
einfältigſte fürhalten ſoll

Ich glaube an Gott + den Vater, den Allmächtigen, Schöpfer Himmels und der Erden. Ich glaube an Jesum + Christum, Gottes eingeborenen Sohn, unsern Herrn, der empfangen ist vom Heiligen Geist, gebo= ren von der Jungfrau Maria, gelitten unter Pontio Pilato, gekreuzigt, gestorben und begraben, niedergefahren zur Hölle, am dritten Tage wieder auferstanden von

den Toten, aufgefahren
gen Himmel, sitzend zur
Rechten Gottes, des all-
mächtigen Vaters, von
dannen Er kommen wird,
zu richten die Lebendigen
und die Toten · Ich glaube
an den Heiligen + Geist
eine heilige, christliche
Kirche, die Gemeinde der
Heiligen, Vergebung der
Sünden, Auferstehung
des Fleisches und ein
ewiges Leben · Amen

Der erste Artikel : Von der Schöpfung

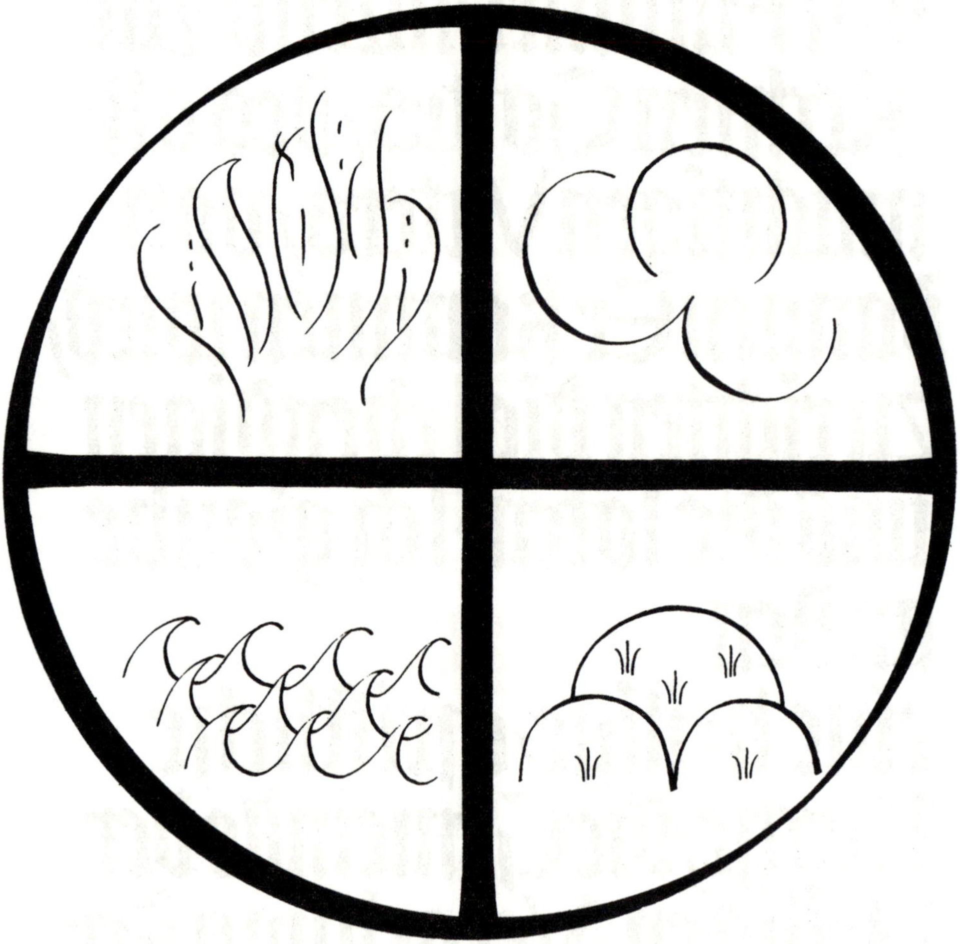

Ich glaube an Gott den Vater,
den Allmächtigen,
Schöpfer Himmels und der Erden.

Was ist das?

Ich glaube, daß mich Gott geschaffen hat
samt allen Kreaturen,
mir Leib und Seele,
Augen, Ohren und alle Glieder,
Vernunft und alle Sinne
gegeben hat und noch erhält;
dazu Kleider und Schuh', Essen und Trinken,
Haus und Hof, Weib und Kind,
Acker, Vieh und alle Güter;
mit aller Notdurft und Nahrung
dieses Leibes und Lebens
reichlich und täglich versorget,
wider alle Fährlichkeit beschirmet
und vor allem Übel behütet und bewahret;
und das alles aus lauter väterlicher,
göttlicher Güte und Barmherzigkeit
ohne all mein Verdienst und Würdigkeit;
des alles ich Ihm zu danken und zu loben
und dafür zu dienen
und gehorsam zu sein schuldig bin.

Das ist gewißlich wahr.

Der zweite Artikel: Von der Erlösung

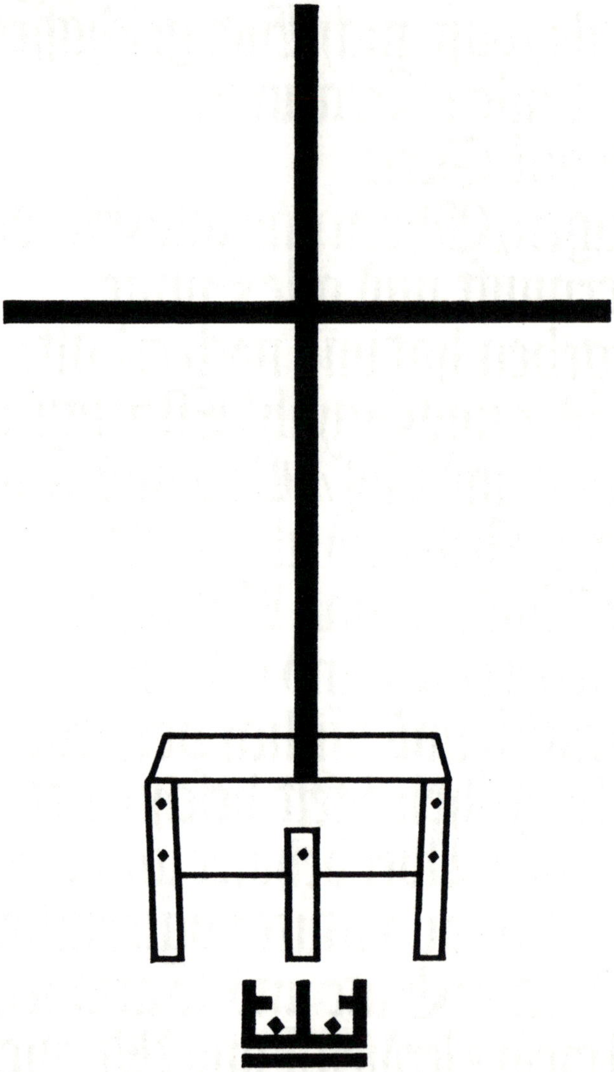

Ich glaube an Jesum Christum,
Gottes eingeborenen Sohn,
unsern Herrn,

der empfangen ist vom Heiligen Geist,
geboren von der Jungfrau Maria,
gelitten unter Pontio Pilato,
gekreuziget, gestorben und begraben,

niedergefahren zur Hölle,
am dritten Tage
wieder auferstanden von den Toten,
aufgefahren gen Himmel,
sitzend zur Rechten Gottes,
des allmächtigen Vaters,
von dannen Er kommen wird, zu
richten die Lebendigen und die Toten.

Was ist das?

Ich glaube, daß Jesus Christus,
wahrhaftiger Gott
vom Vater in Ewigkeit geboren
und auch wahrhaftiger Mensch
von der Jungfrau Maria geboren,
sei mein Herr,
der mich verlornen und verdammten
Menschen erlöset hat,
erworben, gewonnen
von allen Sünden, vom Tode
und von der Gewalt des Teufels;
nicht mit Gold oder Silber,
sondern mit Seinem heiligen, teuren Blut und
mit Seinem unschuldigen Leiden und Sterben;
auf daß ich Sein eigen sei
und in Seinem Reich unter Ihm lebe
und Ihm diene in ewiger
Gerechtigkeit, Unschuld und Seligkeit;
gleichwie Er ist auferstanden vom Tode,
lebet und regieret in Ewigkeit.

Das ist gewißlich wahr.

Der dritte Artikel: Von der Heiligung

Ich glaube an den Heiligen Geist,
eine heilige, christliche Kirche,
die Gemeinde der Heiligen,
Vergebung der Sünden,
Auferstehung des Fleisches
und ein ewiges Leben + Amen +

Was ist das?

Ich glaube, daß ich nicht
aus eigener Vernunft noch Kraft
an Jesum Christum, meinen Herrn, glauben
oder zu Ihm kommen kann;
sondern der Heilige Geist
hat mich durch das Evangelium berufen,
mit Seinen Gaben erleuchtet,
im rechten Glauben geheiliget
und erhalten;
gleichwie Er die ganze Christenheit auf Erden
beruft, sammelt, erleuchtet, heiliget
und bei Jesu Christo erhält
im rechten, einigen Glauben;
in welcher Christenheit Er mir
und allen Gläubigen
täglich alle Sünden reichlich vergibt
und am Jüngsten Tage
mich und alle Toten auferwecken wird
und mir samt allen Gläubigen in
Christo ein ewiges Leben geben wird.
Das ist gewißlich wahr.

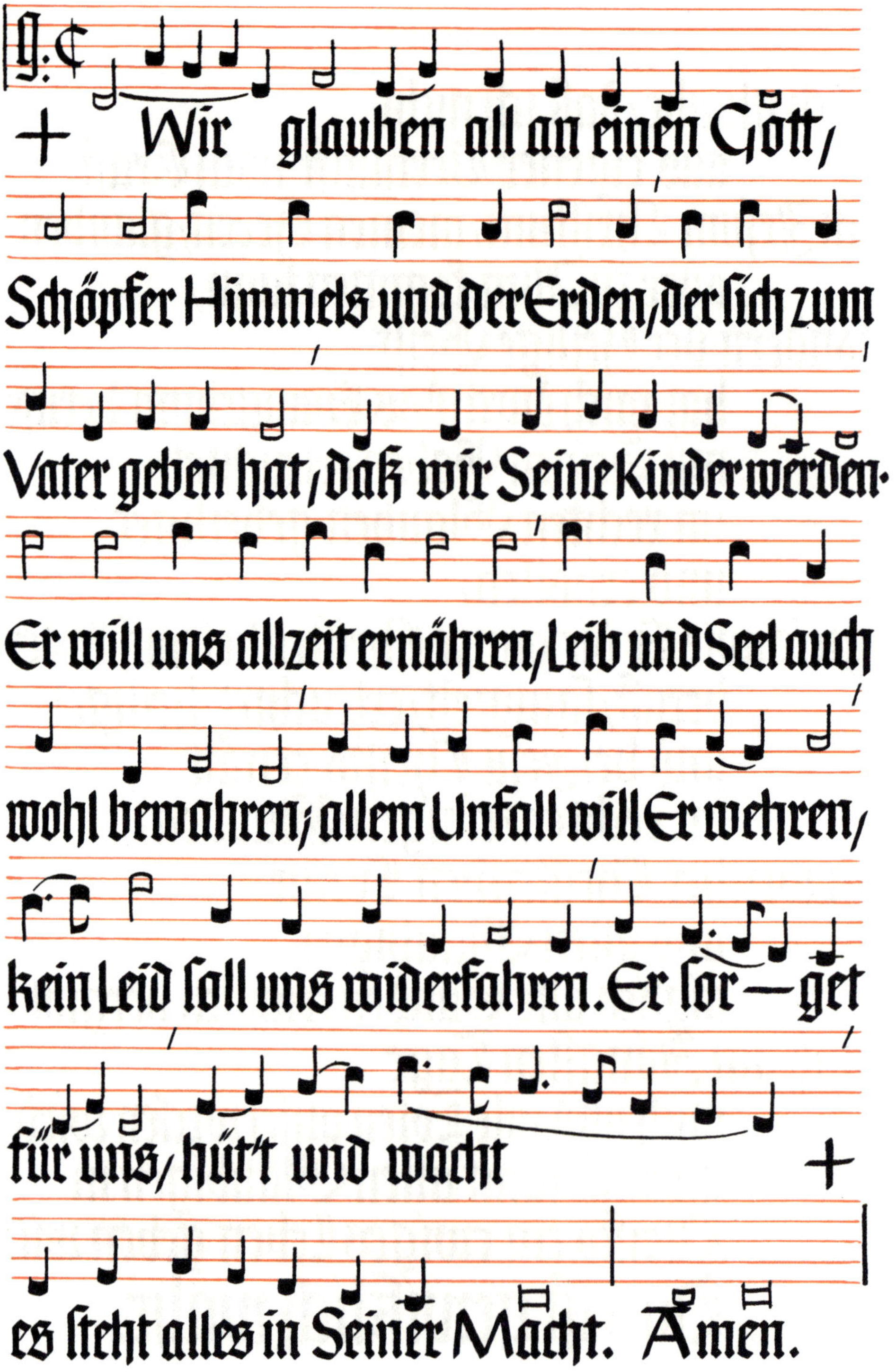
Wir glauben all an einen Gott,
Schöpfer Himmels und der Erden, der sich zum
Vater geben hat, daß wir Seine Kinder werden.
Er will uns allzeit ernähren, Leib und Seel auch
wohl bewahren; allem Unfall will Er wehren,
kein Leid soll uns widerfahren. Er sor — get
für uns, hüt't und wacht
es steht alles in Seiner Macht. Amen.

2 + Wir glauben auch an Jesum Christ,
Seinen Sohn und unsern Herren,
der ewig bei dem Vater ist,
gleicher Gott von Macht und Ehren,
von Maria, der Jungfrauen,
ist ein wahrer Mensch geboren
durch den Heiligen Geist im Glauben,
für uns, die wir war'n verloren,
am Kreuz gestorben und vom Tod
wieder auferstanden durch Gott.

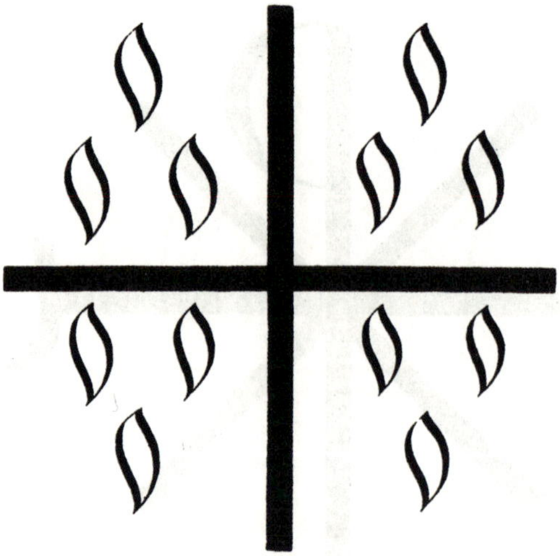

3 ✝ Wir glauben an den Heiligen Geist /
Gott mit Vater und dem Sohne /
der aller Blöden Tröster heißt
und mit Gaben zieret schöne ;
die ganz Christenheit auf Erden
hält in einem Sinn gar eben ;
hie all Sünd vergeben werden /
das Fleisch soll auch wieder leben.
Nach diesem Elend ist bereit't
uns ein Leben in Ewigkeit. Amen.

Das Vater Unser

wie ein Hausvater
dasselbige seinem Gesinde auf
das einfältigste fürhalten soll

VATER · UNSER · DER · DU
BIST · IM · HIMMEL +
GEHEILIGET · WERDE
DEIN · NAME + DEIN
REICH · KOMME + DEIN
WILLE · GESCHEHE · WIE
IM · HIMMEL · ALSO · AUCH
AUF · ERDEN + UNSER
TÄGLICH · BROT · GIB · UNS
HEUTE + UND · VERGIB
UNS · UNSERE · SCHULD

wie · wir · vergeben
unsern · schuldigern
+ und · führe · uns
nicht · in · versuchung
+ sondern · erlöse
uns · von · dem · übel +
denn · dein · ist · das
reich + und · die
kraft + und · die
herrlichkeit + in
ewigkeit + amen +

Die Anrede

Vater unſer,
der Du biſt im Himmel

Was ist das?

Gott will uns damit locken,
dass wir glauben sollen,
Er sei unser rechter Vater
und wir Seine rechten Kinder,
auf dass wir getrost
und mit aller Zuversicht
Ihn bitten sollen,
wie die lieben Kinder
ihren lieben Vater.

Die erste Bitte

Geheiliget werde Dein Name

Was ist das?

Gottes Name
ist zwar an ihm selbst heilig,
aber wir bitten in diesem Gebet,
daß er auch bei uns heilig werde.

Wie geschieht das?

Wo das Wort Gottes
lauter und rein gelehrt wird,
und wir auch heilig
als die Kinder Gottes
danach leben;
das hilf uns, lieber Vater im Himmel.
Wer aber anders lehret und lebet,
denn das Wort Gottes lehret,
der entheiliget unter uns
den Namen Gottes;
davor behüte uns, himmlischer Vater.

Die zweite Bitte

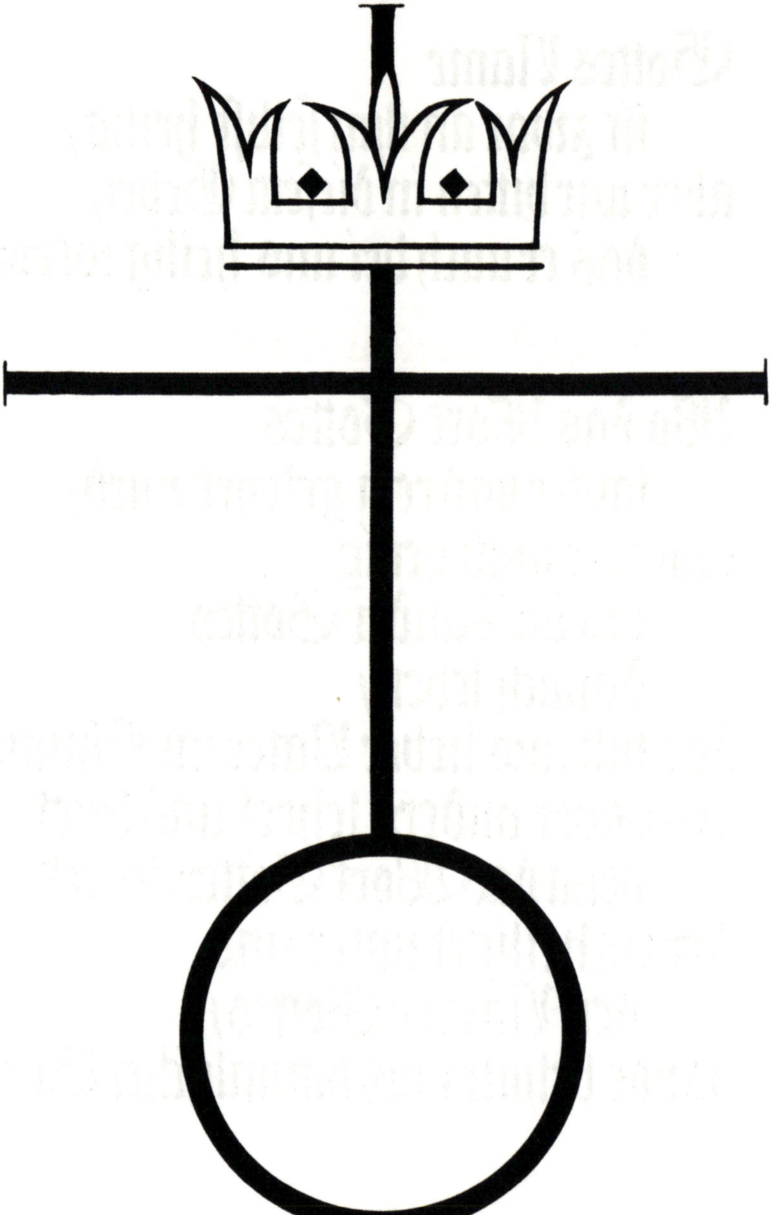

Dein Reich komme

Was ist das?

Gottes Reich
kommt wohl ohne unser Gebet
von ihm selbst;
aber wir bitten in diesem Gebet,
daß es auch zu uns komme.

Wie geschicht das?

Wenn der himmlische Vater
uns Seinen Heiligen Geist gibt,
daß wir Seinem heiligen Wort
durch Seine Gnade glauben
und göttlich leben,
hier zeitlich und dort ewiglich.

Die dritte Bitte

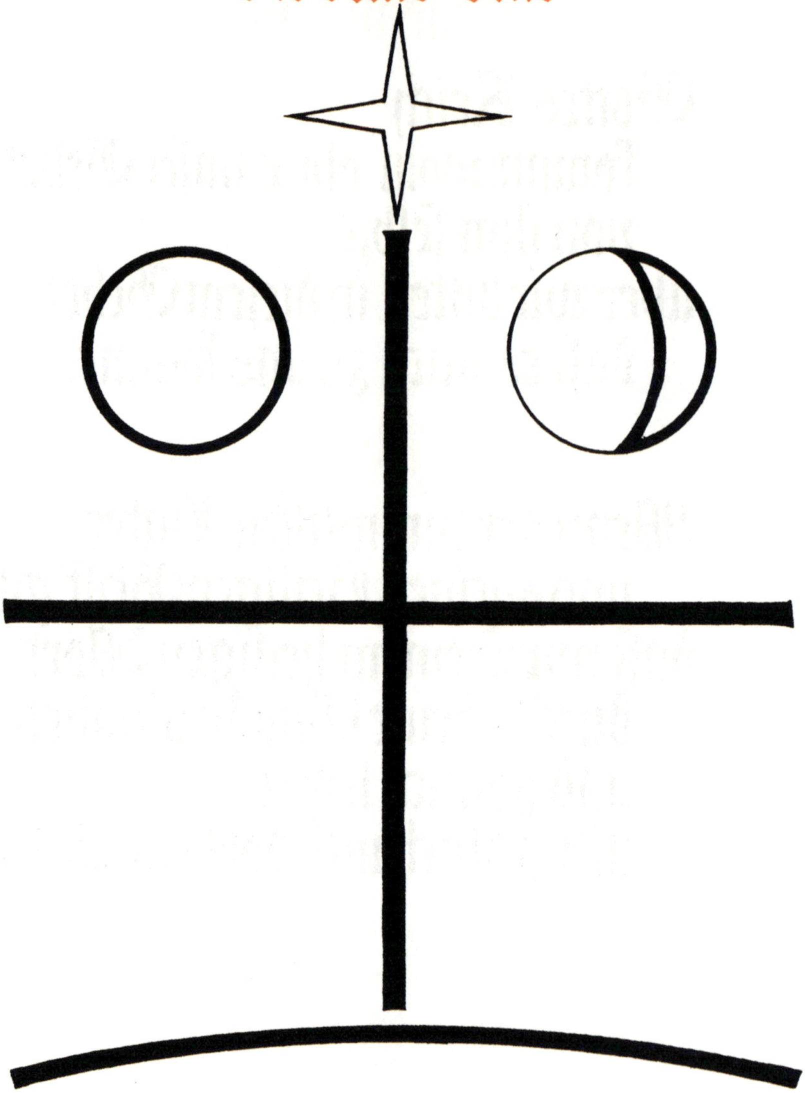

Dein Wille geschehe,
wie im Himmel,
also auch auf Erden

Was ist das?

Gottes guter, gnädiger Wille geschieht
wohl ohne unser Gebet;
aber wir bitten in diesem Gebet,
daß er auch bei uns geschehe.

Wie geschieht das?

Wenn Gott allen bösen Rat und Willen
bricht und hindert,
so uns den Namen Gottes nicht heiligen
und Sein Reich nicht kommen lassen
wollen,
als da ist des Teufels, der Welt und
unsers Fleisches Wille,
sondern stärket und behält uns fest
an Seinem Wort und Glauben
bis an unser Ende;
das ist Sein gnädiger, guter Wille.

Die vierte Bitte

Unser täglich Brot gib uns heute

Was ist das?

Gott gibt täglich Brot
auch wohl ohne unsere Bitte
allen bösen Menschen;
aber wir bitten in diesem Gebet,
daß Er uns erkennen lasse
und mit Danksagung empfangen
unser täglich Brot.

Was heißt denn täglich Brot?

Alles, was zur Leibesnahrung
und -notdurft gehört, als:
Essen, Trinken, Kleider, Schuh,
Haus, Hof, Acker, Vieh;
Geld, Gut;
fromm Gemahl, fromme Kinder,
fromm Gesinde,
fromme und treue Oberherren,
gut Regiment, gut Wetter,
Friede, Gesundheit, Zucht, Ehre;
gute Freunde, getreue Nachbarn
und desgleichen.

Die fünfte Bitte

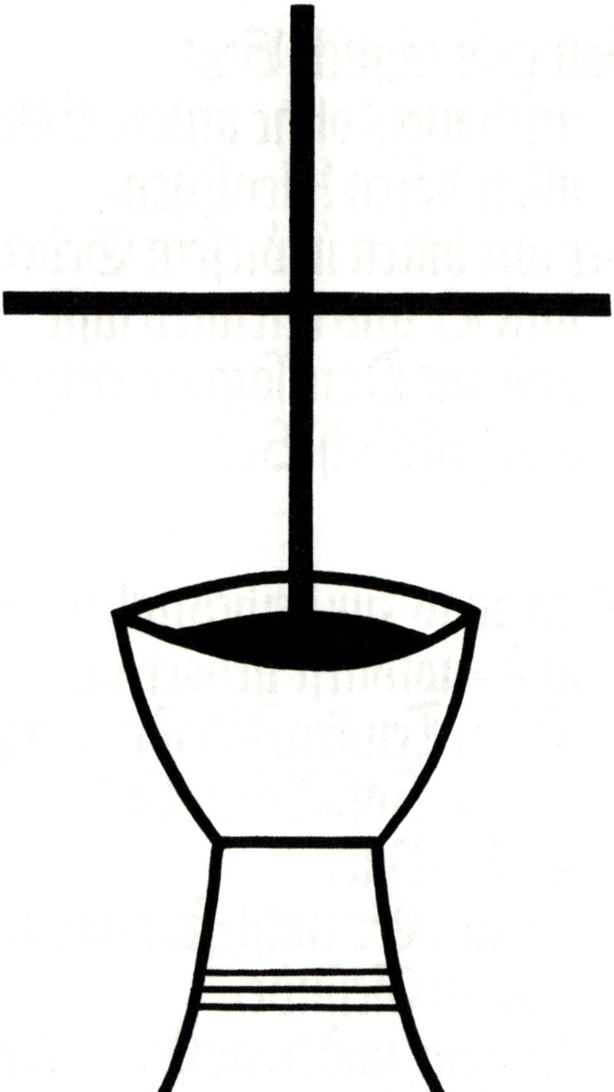

Und vergib uns unsere Schuld, wie
wir vergeben unsern Schuldigern

Was ist das?

Wir bitten in diesem Gebet,
daß der Vater im Himmel
nicht ansehen wolle unsere Sünden
und um derselben willen
solche Bitten nicht versagen;
denn wir sind der keines wert,
das wir bitten,
habens auch nicht verdienet;
sondern Er wolle uns alles
aus Gnaden geben,
denn wir täglich viel sündigen
und wohl eitel Strafe verdienen.
So wollen wir wiederum
auch herzlich vergeben
und gerne wohltun denen,
die sich an uns versündigen.

Die sechste Bitte

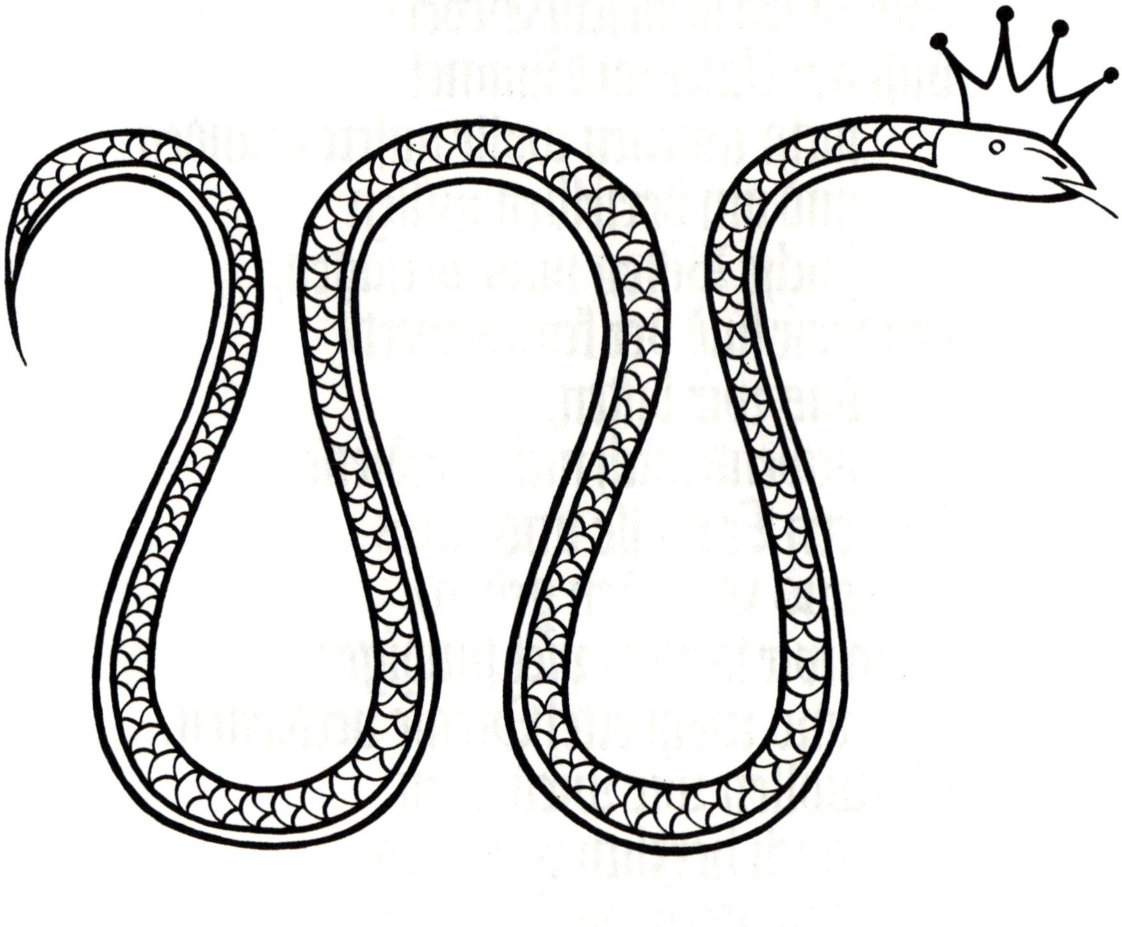

Und führe uns nicht in Versuchung

Was ist das?

Gott versucht zwar niemand;
aber wir bitten in diesem Gebet,
daß uns Gott wolle behüten
und erhalten,
auf daß uns der Teufel,
die Welt und unser Fleisch
nicht betrüge und verführe
in Mißglauben, Verzweiflung
und andere große Schande
und Laster;
und ob wir damit angefochten würden,
daß wir doch endlich gewinnen
und den Sieg behalten.

Die siebente Bitte

Sondern erlöse uns von dem Übel

Was ist das?

Wir bitten in diesem Gebet,
als in der Summa,
daß uns der Vater im Himmel
von allerlei Übel
Leibes und der Seele,
Gutes und Ehre erlöse,
und zuletzt,
wenn unser Stündlein kommt,
ein seliges Ende beschere,
und mit Gnaden
von diesem Jammertal
zu sich nehme in den Himmel.

Der Beschluß

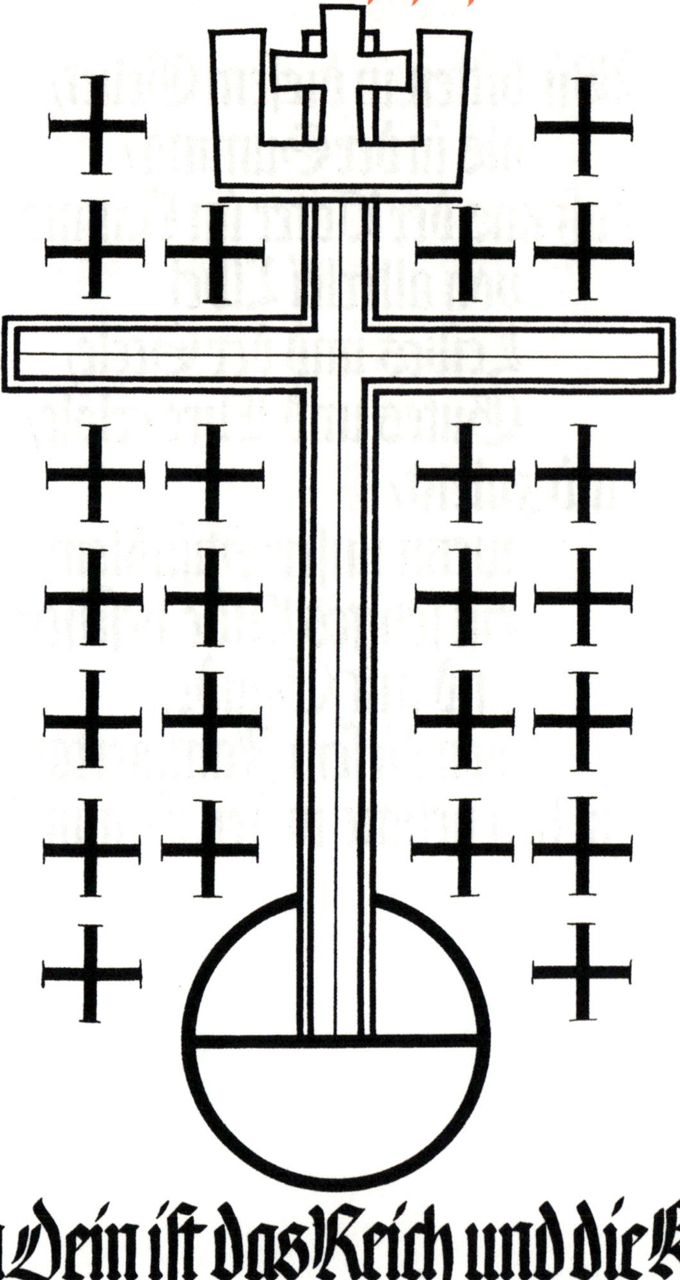

Denn Dein ist das Reich und die Kraft
und die Herrlichkeit in Ewigkeit Amen

Was heißt Amen?

Daß ich soll gewiß sein,
solche Bitten sind dem Vater im Himmel
angenehm und erhöret.
Denn Er selbst hat uns geboten,
also zu beten
und verheißen,
daß Er uns will erhören.
Amen, Amen, das heißt: Ja, ja,
es soll also geschehen.

2 Geheiligt werd der Name Dein,
Dein Wort bei uns hilf halten rein,
daß auch wir leben heiliglich
nach Deinem Namen würdiglich.
Behüt uns, Herr, vor falscher Lehr,
das arm verführet Volk bekehr.

3 Es komm Dein Reich zu dieser Zeit
und dort hernach in Ewigkeit.
Der Heilig Geist uns wohne bei
mit Seinen Gaben mancherlei.
Des Satans Zorn und groß Gewalt
zerbrich, vor ihm Dein Kirch erhalt.

4 Dein Will gescheh, Herr Gott, zugleich
auf Erden wie im Himmelreich.
Gib uns Geduld in Leidens Zeit,
gehorsam sein in Lieb und Leid.
Wehr und steur allem Fleisch und Blut,
das wider Deinen Willen tut.

5 Gib uns heut unser täglich Brot
und was man b'darf zur Leibes Not.
Behüt uns vor Unfried und Streit,
vor Seuchen und vor teurer Zeit,
daß wir in gutem Frieden stehn,
der Sorg und Geizes müßig gehn.

6 All unser Schuld vergib uns, Herr,
daß sie uns nicht betrübe mehr,
wie wir auch unsern Schuldigern

ihr Schuld und Fehl vergeben gern.
Zu dienen mach uns all bereit
in rechter Lieb und Einigkeit.

7 Führ uns, Herr, in Versuchung nicht,
wenn uns der böse Geist anficht,
zur linken und zur rechten Hand
hilf uns tun starken Widerstand,
im Glauben fest und wohlgerüst't
und durch des Heilgen Geistes Trost.

8 Von allem Übel uns erlös,
es sind die Zeit und Tage bös.
Erlös uns vom ewigen Tod
und tröst uns in der letzten Not.
Bescher uns auch ein seligs End,
nimm unser Seel in Deine Händ.

9 Amen, das ist: Es werde wahr!
Stärk unsern Glauben immerdar,
auf daß wir ja nicht zweifeln dran,
was wir hiermit gebeten han
auf Dein Wort in dem Namen Dein,
so sprechen wir das Amen fein.

Das Sakrament der heiligen Taufe

wie dasselbige ein Hausvater seinem Gesinde soll einfältiglich fürhalten

Gehet hin in alle Welt, lehret alle Völker und taufet sie im Namen des Vaters und des Sohnes und des Heiligen Geistes Wer da glaubet und getauft wird, der wird selig werden, wer aber nicht glaubet, der wird verdammet werden Gott macht uns selig durch das Bad der Wiedergeburt und Erneuerung des Heiligen Geistes, welchen Er ausgegossen

hat über uns reichlich durch Jesum
Christum, unsern Heiland, auf
daß wir durch desselben Gnade
gerecht und Erben seien des ewi-
gen Lebens nach der Hoffnung.

Wir sind samt Christo durch die
Taufe begraben in den Tod, auf daß,
gleichwie Christus ist von den Toten
auferweckt durch die Herrlichkeit
des Vaters, also sollen auch wir
in einem neuen Leben wandeln.

Zum ersten

Was ist die Taufe?

Die Taufe ist nicht allein schlecht Wasser/
sondern sie ist das Wasser in Gottes Gebot
gefasset und mit Gottes Wort verbunden.

Welches ist denn solch Wort Gottes?

Da unser Herr Christus spricht
Matthäi am letzten:

Gehet hin in alle Welt/ lehret
alle Völker und taufet sie
im Namen des Vaters
und des Sohnes
und des Heiligen Geistes.

Zum andern

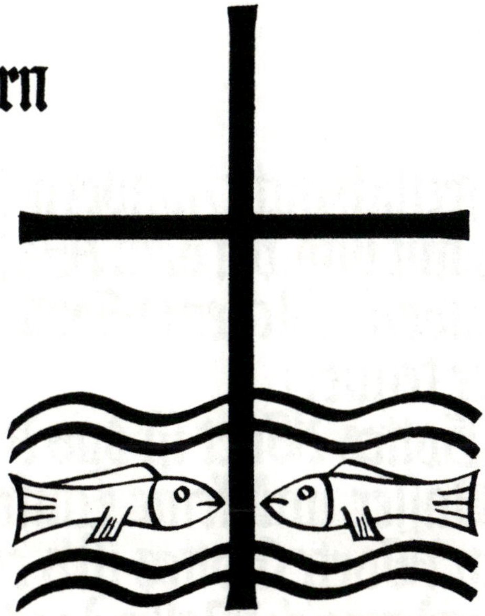

Was gibt oder nützet die Taufe?

Sie wirkt Vergebung der Sünden,
erlöset vom Tode und Teufel
und gibt die ewige Seligkeit
allen, die es glauben, wie die Worte
und Verheißung Gottes lauten.

Welches sind solche Worte und Verheißung Gottes?

Da unser Herr Christus spricht Marci am letzten:

Wer da glaubet und getauft wird,
der wird selig werden;
wer aber nicht glaubet, der
wird verdammet werden.

Zum dritten

Wie kann Wasser solche große Dinge tun?

Wasser tuts freilich nicht, sondern das Wort
Gottes, so mit und bei dem Wasser ist,
und der Glaube, so solchem Worte Gottes
im Wasser trauet;
denn ohne Gottes Wort ist das Wasser
schlecht Wasser und keine Taufe,
aber mit dem Worte Gottes ist's eine Taufe,
das ist ein gnadenreich Wasser des Lebens und
ein Bad der neuen Geburt im Heiligen Geist,
wie St. Paulus sagt zu Tito im dritten Kapitel:

Gott macht uns selig durch das
Bad der Wiedergeburt und
Erneuerung des Heiligen Geistes,
welchen Er ausgegossen hat über
uns reichlich durch Jesum Christum,
unsern Heiland, auf daß wir durch
desselben Gnade gerecht und Erben
seien des ewigen Lebens nach der
Hoffnung. Das ist gewißlich wahr.

Zum vierten

Was bedeutet denn solch' Wassertaufen?

Es bedeutet, daß der alte Adam in uns
durch tägliche Reue und Buße
soll ersäuft werden und sterben
mit allen Sünden und bösen Lüsten;
und wiederum täglich herauskommen
und auferstehen ein neuer Mensch,
der in Gerechtigkeit und Reinigkeit
vor Gott ewiglich lebe.

Wo stehet das geschrieben?

Sankt Paulus zu den Römern am 6. spricht:
Wir sind samt Christo durch die
Taufe begraben in den Tod,
auf daß, gleichwie Christus ist
von den Toten auferwecket
durch die Herrlichkeit des Vaters,
also sollen auch wir
in einem neuen Leben wandeln.

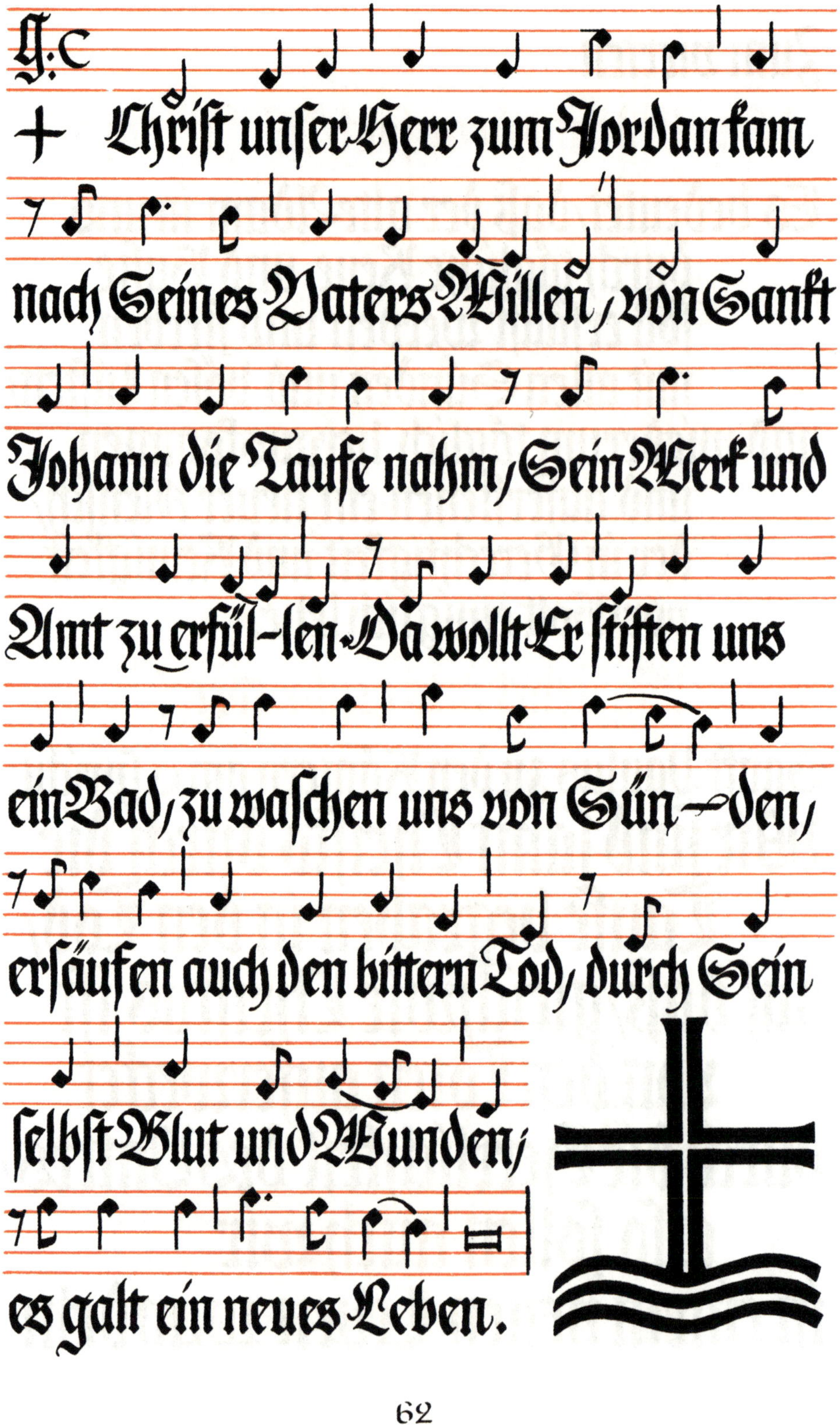
Christ unser Herr zum Jordan kam
nach Seines Vaters Willen, von Sankt
Johann die Taufe nahm, Sein Werk und
Amt zu erfül-len. Da wollt Er stiften uns
ein Bad, zu waschen uns von Sün-den,
ersäufen auch den bittern Tod, durch Sein
selbst Blut und Wunden;
es galt ein neues Leben.

2 So hört und merket alle wohl,
was Gott heißt selbst die Taufe,
und was ein Christen glauben soll,
zu meiden Ketzerhaufen.
Gott spricht und will, daß Wasser sei,
doch nicht allein schlicht Wasser,
Sein heiliges Wort ist auch dabei
mit reichem Geist ohn Maßen,
der ist allhie der Taufer.

3 Solchs hat Er uns beweiset klar
mit Bildern und mit Worten.
Des Vaters Stimm man offenbar
daselbst am Jordan hörte.
Er sprach: Das ist Mein lieber Sohn,
an dem Ich hab Gefallen,
den will Ich euch befohlen han,
daß ihr Ihn höret alle
und folget Seinem Lehren.

4 Auch Gottes Sohn hie selber steht
in Seiner zarten Menschheit.
Der Heilig Geist herniederfährt
in Taubenbild verkleidet,
daß wir nicht sollen zweifeln dran,
wenn wir getaufet werden:
All drei Person'n getaufet han,
damit bei uns auf Erden
zu wohnen sich ergeben.

5 Sein Jünger heißt der Herre Christ:
Geht hin, all Welt zu lehren,
daß sie verlorn in Sünden ist,
sich soll zur Buße kehren;
wer glaubet und sich taufen läßt,
soll dadurch selig werden,
ein neugeborner Mensch er heißt,
der nicht mehr könne sterben,
das Himmelreich soll erben.

ΙΧΘΥΣ

6 Wer nicht glaubt dieser großen Gnad,
der bleibt in seinen Sünden
und ist verdammt zum ewgen Tod
tief in der Höllen Grunde.
Nichts hilft sein eigen Heiligkeit,
all sein Tun ist verloren,
die Erbsünd machts zur Nichtigkeit,
darin er ist geboren,
vermag ihm selbst nicht zu helfen.

7 Das Aug allein das Wasser sieht,
wie Menschen Wasser gießen,
der Glaub im Geist die Kraft versteht
des Blutes Jesu Christi,
und ist vor Ihm ein rote Flut,
von Christi Blut gefärbet,
die allen Schaden heilen tut,
von Adam her geerbet,
auch von uns selbst begangen.

Wie man die Einfältigen soll lehren beichten

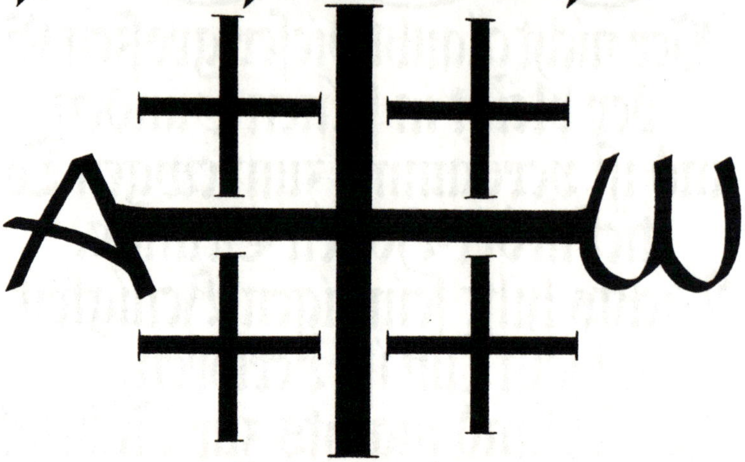

1. Was ist die Beichte?

Die Beichte begreift zwei Stücke in sich:
eines, daß man die Sünde bekenne,
das andere, daß man die Absolution
oder Vergebung
vom Beichtiger empfange
als von Gott selber
und ja nicht daran zweifle,
sondern fest glaube,
die Sünden seien dadurch
vergeben vor Gott im Himmel.

2. Welche Sünden soll man beichten?

Vor Gott soll man sich
aller Sünden schuldig geben,
auch die wir nicht erkennen,
wie wir im Vaterunser tun;
aber vor dem Beichtiger sollen wir
allein die Sünden bekennen, die
wir wissen und fühlen im Herzen.

3. Welche sind die?

Da siehe deinen Stand an
nach den zehn Geboten;
ob du Vater, Mutter,
Sohn, Tochter, Herr, Frau,
Knecht, Magd seist;
ob du ungehorsam, untreu,
unfleißig, zornig, unzüchtig,
gehässig gewesen seist;
ob du jemand Leid getan hast
mit Worten oder Werken;
ob du gestohlen, versäumt, verwahr-
loset oder Schaden getan hast.

Allmächtiger Gott, barmherziger Vater, ich armer, elender, sündiger Mensch bekenne Dir alle meine Sünde und Missetat, die ich begangen mit Gedanken, Worten und Werken, wodurch ich Dich jemals erzürnt und Deine Strafe zeitlich und ewiglich verdient habe, sie sind mir aber alle herzlich leid und reuen mich sehr, und ich bitte Dich um Deiner grundlosen Barmherzigkeit und um des unschuldigen und bittern Leidens + und Sterbens + Deines lieben Sohnes Jesu + willen, Du wollest mir armen, sündhaften Menschen gnädig und barmherzig sein, mir alle meine Sünden vergeben und zu meiner Besserung Deines Geistes Kraft verleihen · Amen ·

Das Sakrament des Altars

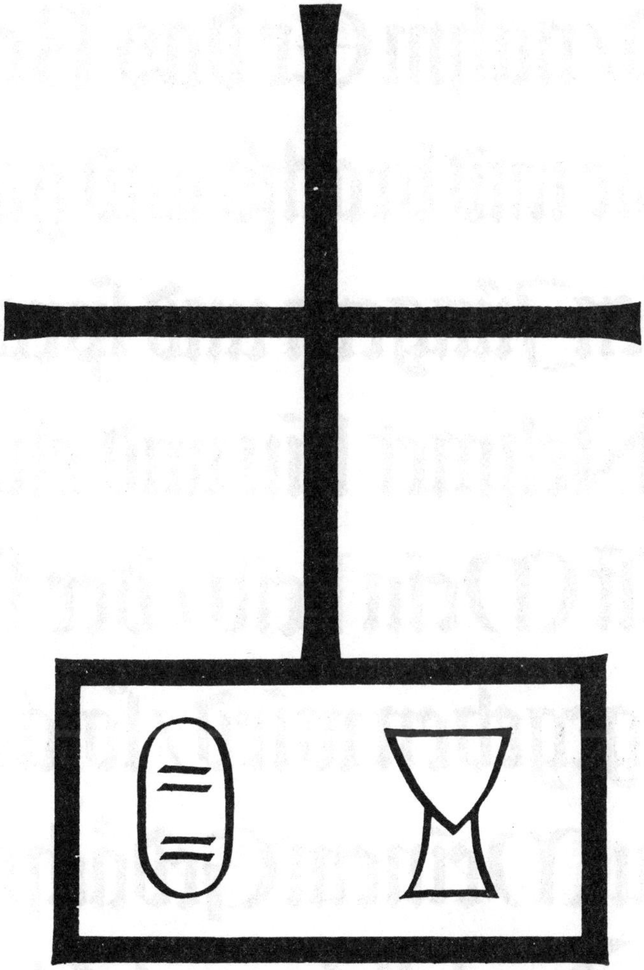

wie ein Hausvater dasselbe seinem
Gesinde einfältiglich fürhalten soll

Unser Herr Jesus Christus
in der Nacht, da Er verraten
ward, nahm Er das Brot,
dankte und brach's und gab's
Seinen Jüngern und sprach:
✠ Nehmet hin und esset,
das ist Mein Leib, der für
euch gegeben wird, solches
tut zu Meinem Gedächtnis
✠ Desselbigengleichen
nahm Er auch den Kelch

nach dem Abendmahl/
dankte und gab ihnen den
und sprach: ✠ Nehmet
hin und trinket alle
daraus/dieser Kelch ist
das Neue Testament in
meinem Blut/das für
euch vergossen wird zur
Vergebung der Sünden/
solches tut/so oft ihr's trinkt
zu meinem Gedächtnis.

Was ist das Sakrament des Altars?

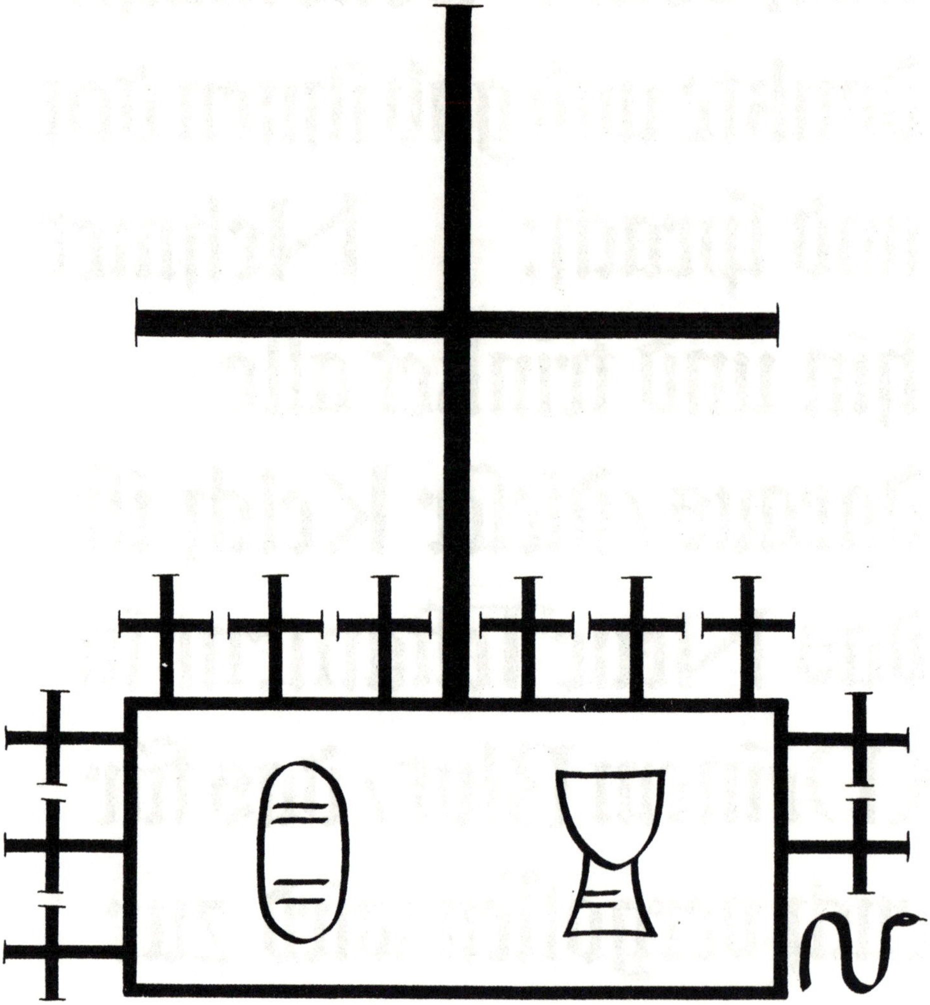

Es ist der wahre Leib und Blut
unsers Herrn Jesu Christi,
unter dem Brot und Wein
uns Christen zu essen und zu trinken
von Christo selbst eingesetzt.

Wo stehet das geschrieben?

So schreiben die heiligen Evangelisten Matthäus, Markus, Lukas und Sankt Paulus: + Unser Herr Jesus Christus in der Nacht, da Er verraten ward, nahm Er das Brot, dankte und brach's und gab's Seinen Jüngern und sprach: Nehmet hin und esset; das ist Mein Leib, der für euch gegeben wird; solches tut zu Meinem + Gedächtnis + Desselbigengleichen nahm Er auch den Kelch nach dem Abendmahl, dankte und gab ihnen den und sprach: Nehmet hin und trinket alle daraus; dieser Kelch ist das neue Testament in Meinem Blut, das für euch vergossen wird zur Vergebung der Sünden; solches tut, so oft ihr's trinket zu Meinem Gedächtnis.

Was nützet denn solch Essen und Trinken?

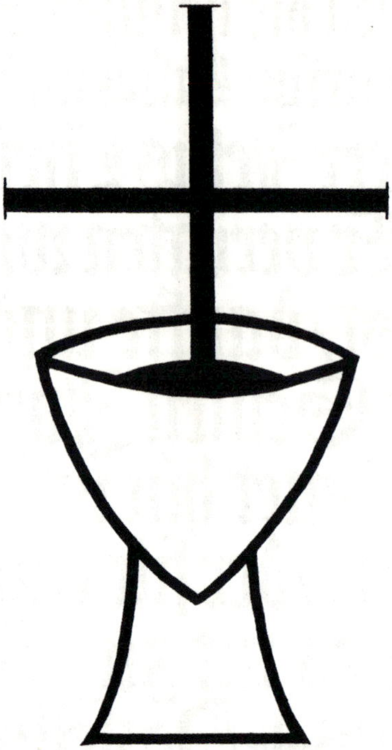

Das zeigen uns diese Worte:
Für euch gegeben und vergossen zur Vergebung der Sünden;
nämlich, daß uns im Sakrament
Vergebung der Sünden,
Leben und Seligkeit
durch solche Worte gegeben wird;
denn wo Vergebung der Sünden ist,
da ist auch Leben und Seligkeit.

Wie kann leiblich Essen und Trinken solche große Dinge tun?

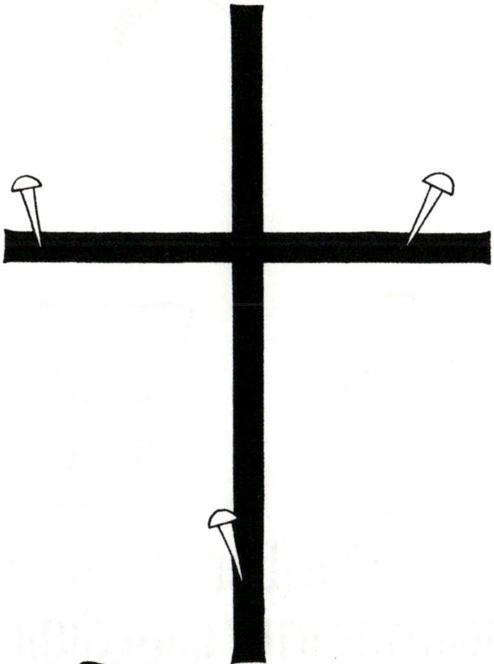

Essen und Trinken tut's freilich nicht,
sondern die Worte, so da stehen:

Für euch gegeben und vergossen zur Vergebung der Sünden;

welche Worte sind neben dem leiblichen Essen
und Trinken als das Hauptstück im Sakrament.
Und wer denselben Worten glaubt,
der hat, was sie sagen und wie sie lauten,
nämlich: Vergebung der Sünden.

Wer empfängt denn solch Sakrament würdiglich?

Fasten und leiblich sich bereiten
ist wohl eine feine äußerliche Zucht,
aber der ist recht würdig und wohlgeschickt,
wer den Glauben hat an diese Worte:

**Für euch gegeben und vergossen
zur Vergebung der Sünden.**

Wer aber diesen Worten
nicht glaubt oder zweifelt,
der ist unwürdig und ungeschickt;
denn das Wort: Für euch
fordert eitel gläubige Herzen.

2 Daß wir nimmer des vergessen,
gab Er uns Sein'n Leib zu essen,
verborgen im Brot so klein,
und zu trinken Sein Blut im Wein.

3 Wer sich will zu dem Tisch machen,
der hab wohl acht auf sein Sachen;
wer unwürdig hinzugeht,
für das Leben den Tod empfäht.

4 Du sollst Gott den Vater preisen,
daß Er dich so wohl wollt speisen
und für deine Missetat
in den Tod Sein'n Sohn geben hat.

5 Du sollst glauben und nicht wanken,
daß ein Speise sei den Kranken,
den'n ihr Herz von Sünden schwer
und vor Angst ist betrübet sehr.

6 Solch groß Gnad und Barmherzigkeit
sucht ein Herz in großer Arbeit.
Ist dir wohl, so bleib davon,
daß du nicht kriegest bösen Lohn.

7 Er spricht selber: Kommt ihr Armen,
laßt Mich über euch erbarmen;
kein Arzt ist dem Starken not,
sein Kunst wird an ihm gar ein Spott.

8 Hättst du dir was konnt erwerben,
was durft Ich denn für dich sterben?
dieser Tisch auch dir nicht gilt,
so du selber dir helfen willt.

9 Glaubst du das von Herzens Grunde,
und bekennest mit dem Munde,
so bist du recht wohl geschickt
und die Speise dein Seel erquickt.

10 Die Frucht soll auch nicht ausbleiben:
deinen Nächsten sollst du lieben,
daß er dein genießen kann,
wie dein Gott hat an dir getan.

Die dem Katechismus beigegebenen Zeichen sollen den Inhalt des Textes noch einmal sinn-bildlich wiedergeben, unterstreichen oder vertiefen. Nachstehend einige Hinweise für das Verständnis:

3. Gesetzestafeln vom Kreuz gehalten, Christus des Gesetzes Erfüllung. 6. Der Herr größer als alle Götter, Er durchstreicht ihre Tempel. 7. Dreieinigkeitszeichen mit Monogramm Jesu. 12. Sintflut und Arche, Gericht und Gnade Gottes. 17. Geöffnete Schale des Glaubens. 20. Weltkreis und die alten Elemente als Zeichen der Schöpfung. 22. 23. Am Anfang die Krippe, am Ende des Weges die Dornenkrone, und doch liegt vor Ihm jede Krone der Welt. 24. Der kommende Herr „zu richten die Lebendigen und die Toten" (Lampen). 26. Der Heilige Geist, der die Gemeinde baut. 29. Christusmonogramm mit A und Ω. 30. Die Flammen des Heiligen Geistes. 31. Dreieinigkeit. 34. Der Herr über den Wolken – dem Irdischen. 36. Christusmonogramm. 38. Königsherrschaft Gottes über den Weltkreis. 40. Kreuz zwischen Himmel (Gestirne) und Erde. 42. Ähre und Traube, Essen und Trinken, Brot und Wein. 44. Das Blut Christi, „vergossen für viele zur Vergebung der Sünden" (siehe auch 74). 46. Die falsche Schlange. 48. „welcher unsere Sünden selbst hinaufgetragen hat an Seinem Leibe auf das Holz" (1. Pt. 2_{24}). 50. Der erhöhte Herr und die 24 Ältesten, die Zeugen der Herrlichkeit (Offbg. 4_{9-11}). 55. Taufe. Der Fisch ist das Zeichen der getauften Christen. 58. „Die Taufe ... in Gottes Gebot gefasset und mit Gottes Wort verbunden". 59. siehe 55. 62. Taufe. 63. Gottes Wort (siehe auch 58). 64. Dreieinigkeit. 65. ΙΧΘΥΣ-Fisch, Anfangsbuchstaben-Jesus Christus Gottes Sohn Heiland. 66. Jerusalemkreuz, Christus und die Gemeinde mit A und Ω. 69. Abendmahl. 72. Abendmahl, Christus, die Jünger „und Judas, welcher Ihn verriet". 74. siehe 44. 75. Kreuzestod. 76. Der gute Hirte. 79. Abendmahl siehe 69.

Der Katechismus ist in dieser Form eine Veröffentlichung des Schorbornkreises.

Kurt Wolff

6656

12./1947 Druck: Dr. te Neues & Co., Kempen/Ndrrh.